Die Tiere vom Fluss

Christian Bouchardy / Benoit Charles

Die Tiere vom Fluss

Eine abenteuerliche Reise zum Meer

Als Nelli, das Fischotterkind, zum ersten Mal die Augen öffnet, ist es ganz dunkel, nur ein schwacher Lichtstrahl dringt in sein Versteck. Das Erste, was sie riecht, sind die warmen Zitzen ihrer Mutter, das Erste, was sie hört, ist das Gurgeln des Flusses.
»Wo sind wir?«, fragt sie ihre Mutter. »Woher kommt dieses Licht und woher das Geräusch?«
»Wir sind in unserem Bau«, antwortet die Mutter. »Ich habe ihn extra für deine Geburt gegraben, unter den Wurzeln einer Eiche nahe am Fluss. Am Wasser ist der Eingang. Das Licht kommt durch einen kleinen Luftschacht, da direkt über uns.«
»Die Eiche! Der Fluss! Das Wasser!«, unterbricht sie Nelli. »Was ist das alles?«
Die Mutter nickt. »Jetzt bist du zwei Monate alt und es ist an der Zeit, dass du die Welt entdeckst. Komm mit!«
Als Nelli ihre Nase aus dem Bau herausstreckt, wird sie vom hellen Licht geblendet. Vorsichtig taucht sie eine Pfote ins Wasser. Ist das kalt! Erschrocken verkriecht sie sich unter den Bauch ihrer Mutter.

»Habe keine Angst«, sagt die Mutter, »du wirst dich sehr schnell an das Wasser gewöhnen. Nun komm, versuch neben mir herzuschwimmen! Wir Fischotter haben ein sehr dichtes Fell, damit wir das ganze Jahr über Fische fangen können. Wir müssen es nach dem Schwimmen immer gründlich säubern.«
Da überwindet sich die neugierige Kleine und folgt ihrer Mutter ins Wasser. Schnell hat sie begriffen, dass sie sich mit Hilfe der Schwimmhäute zwischen den Fingern ihrer Pfoten im Wasser schnell fortbewegen kann. Und schon fängt sie ihren ersten Fisch! Nach seinem ersten Ausflug ist das Fischotterkind schrecklich müde. Noch ehe sein Fell im warmen Bau getrocknet ist, schläft es ein.

Ein paar Tage später sitzt Nelli auf einem Stein am Ufer und lauert auf Fische. Da! Nelli stürzt sich auf eine Forelle, packt sie, will sie ans Ufer bringen und fressen. Doch gerade als sie zuschnappen will, ruft der Fisch: »Halt, halt! Ich bin keine Forelle! Ich bin ein junger Lachs. Es gibt nicht mehr viele von uns. Deshalb ist es streng verboten, mich zu fangen.«
»Was geht mich das an?«, fragt Nelli. »Solche Gesetze gelten für Menschen, nicht für Fischotter! Ich fresse alle Fische!«
»Wenn du mich schnell wieder ins Wasser lässt, bevor ich ersticke«, sagt der kleine Lachs, »dann zeige ich dir etwas ganz Tolles.«
Nelli ist sehr neugierig wie alle Fischotter. Deshalb lässt sie den Lachs los. Und wie staunt sie über das, was sie dann sieht! Es sind zwei riesige Fische, jeder mindestens einen Meter lang und etwa zehn Kilogramm schwer.

Einer bewegt seine Schwanzflosse über den Kieselsteinen am Grund des Flusses heftig hin und her.
»Was macht er da?«, fragt Nelli den Junglachs.
»Du musst fragen: Was macht *sie?«*, antwortet der Lachs. »Es ist nämlich ein Weibchen. Sie hebt eine Grube aus. Jedes Jahr im Dezember legt sie ihre Eier in einer solchen Laichgrube ab.«
»Und der Größere von beiden, wer ist das?«, will Nelli wissen.
»Das ist das Männchen«, erklärt der kleine Lachs. »Er wird die Eier mit seinem Samen befruchten. Dann deckt das Weibchen die Eier mit Kies zu. Sie werden auf dem

Grund des Flusses liegen bleiben. Und im Frühjahr schlüpfen dann die kleinen Fische. So bin auch ich geboren. Aber jetzt bin ich schon zehn Monate alt, bald werde ich den Fluss hinab ins Meer schwimmen. Dort leben wir Lachse. Doch in einigen Jahren komme ich hierher zurück an den Platz, wo ich geboren bin. Dann werde auch ich meine Eier hier ablegen.«
»Ist das spannend!«, ruft Nelli. »Am liebsten würde ich dich begleiten! Ich frage meine Mama!«

Zurück in ihrem Bau, fragt Nelli die Mutter, ob sie mit dem kleinen Lachs auf Entdeckungsreise gehen darf. »Du bist noch ein bisschen zu jung«, erwidert die Mutter. »Aber wenn dein Freund, der kleine Lachs, sich noch vier bis fünf Monate gedulden kann, dann könnt ihr zusammen den Fluss hinabschwimmen. Schließlich kannst du nicht dein Leben lang bei mir bleiben. Um zu überleben und ausreichend Nahrung zu finden, braucht jeder Fischotter sein eigenes Revier. Mein Revier hier am Fluss ist ungefähr zehn Kilometer lang. Und damit das jeder gleich erkennt, hinterlasse ich auf den Steinen am Ufer meine Häufchen, wenn wir jagen. Wenn ein anderer Fischotter vorbeikommt, erkennt er gleich meinen Geruch und lässt sich hier nicht nieder.«
»Muss ich auch ein Revier für mich finden?«, fragt Nelli.
»Natürlich«, sagt die Mutter. »Du bist schließlich ein Weibchen. In zwei Jahren wirst du bereits ein oder zwei Junge haben. Du wirst sie beschützen und ernähren müssen.«

Eines Tages im Frühling sagt die Mutter zu Nelli: »Komm mit! Ich zeige dir etwas, was wir Fischotter besonders gerne mögen. Jetzt, wo der Schnee überall geschmolzen ist, sind die Frösche aus ihrer Winterstarre erwacht. Ich kenne den Platz, wo sie sich jedes Jahr im Frühling versammeln, um ihre Eier abzulegen. Es ist ein Sumpfgebiet, nicht weit von hier entfernt. Dort entspringt unser Fluss.«
Und tatsächlich, im Sumpf wimmelt es von Fröschen, die sich paaren. Überall sieht Nelli glibberige Ballen mit unzähligen Froscheiern. »Frösche schmecken köstlich!«, ruft Nelli, »und außerdem sind sie leichter zu fangen als Forellen.«
Woche um Woche vergeht. Nelli ist nun oft alleine unterwegs. Immer selbstständiger wird sie. Im Mai ist sie sieben Monate alt. Bald ist sie fast so schwer und so groß wie ihre Mutter. Jetzt ist es Zeit für sie, zusammen mit ihrem Freund, dem Lachs, den Fluss stromabwärts zu schwimmen.

Bald entdecken die beiden Abenteurer einen anderen Fluss. Der ist viel gewaltiger als der, in dem sie aufgewachsen sind. Seine Strömung ist reißender und das Tal, durch das er fließt, liegt zwischen steilen Hängen. Hier gibt es viel weniger Fischarten, aber alle sind gut an das kalte Wildwasser angepasst. Neben Forellen leben hier Pfrillen, die in Schwärmen auftreten, Grundeln und Koppen. Das sind sonderbare flache Fische, die versteckt unter Steinen leben.

»Schau!«, ruft Nelli dem Lachs zu, »ich habe entdeckt, wie ich die Koppen fangen kann. Ich hebe den Stein mit einer Pfote an und packe den Fisch mit meinem Maul. Das ist ganz einfach und fast unter jedem Stein versteckt sich ein Fisch.«

»Au ja!«, ruft der Junglachs, »ich helfe dir! Alle Fische, die dir zu klein sind, die nehme ich! Ich bin schließlich auch ein Fleischfresser!«
Eines Morgens hört er einen gewaltigen Platsch neben sich. Kurz darauf taucht ein Vogel auf, taucht gleich wieder unter und läuft nun am Grund des Flusses gegen die Strömung.
»Unglaublich!«, ruft der Lachs, »ein Vogel, der schwimmt.«

Der Vogel fängt Larven. »Wer bist du?«, ruft Nelli ihm zu, als der Vogel mit einer Libellenlarve im Schnabel wieder auftaucht.
»Ich bin die Wasseramsel. Ich verbringe mein ganzes Leben, Sommer wie Winter, an Flussufern. Aber jetzt muss ich meine Jungen füttern! Ich habe unser Nest direkt unter dem Wasserfall gebaut. Dort sind die Kleinen geschützt. Und außerdem ist es ein wunderschöner Ort.«

Am Wasserfall stürzen tobende Wassermassen mit ohrenbetäubendem Lärm in eine tiefe, felsige Schlucht hinab. »Pass auf!«, warnt Nelli den Lachs. »Es ist viel zu gefährlich, hier hinunterzuspringen!«
»Du könntest doch am Ufer entlanglaufen und nachsehen, ob du nicht einen anderen Weg findest, der ungefährlich ist«, meint der Lachs. »Es muss einen geben! Sonst könnten die Lachse ja nicht jedes Jahr zurück zu ihren Laichgründen finden!«

Und tatsächlich gibt es einen anderen Weg. Ein Seitenarm zweigt vom Hauptstrom ab, umfließt den Wasserfall und mündet etwas weiter unten wieder in den Fluss. Der kleine Lachs folgt dem Seitenarm. Doch plötzlich versperrt ein Gitter den Weg. Der kleine Lachs will sofort umkehren – doch zu spät. Ein Gitter schnellt hinter ihm hoch, er sitzt in der Falle.
»Bravo!«, ruft ein Mann, während er sich über die Falle beugt. »Wir haben einen prächtigen Junglachs erwischt.«
Nelli hat alles mit angesehen.

Nelli schleicht näher und lauscht.
»Wie lang ist er?«, fragt ein anderer Mann.
»Neunzehn Zentimeter«, antwortet sein Kollege. »Er dürfte etwa eineinhalb Jahre alt sein. Wir müssen ihn markieren.«
Kurz darauf kneift einer der Männer eine kleine Plakette in die Rückenflosse des Lachses. Er notiert die Plakettennummer in einem Heft, dann setzt er den Junglachs wieder ins Wasser zurück. Da ruft die Wasseramsel: »Keine Sorge, diese Männer sind Wissenschaftler. Sie wollen dir nichts tun! Sie erforschen die Wanderungen der Lachse. Und mit Hilfe der Nummern können sie einzelne Fische später wieder erkennen.«

Bald erreichen die beiden Freunde ein breiteres Tal. Der Fluss fließt hier auf einmal ganz ruhig dahin. »Wie kommt es, dass es hier keine Strömung gibt, und warum ist der Fluss so tief geworden?«, wundert sich der kleine Lachs. Etwas weiter flussabwärts sehen sie plötzlich eine gewaltige Betonmauer, die das ganze Tal versperrt. Das Wasser wird gestaut! Die Mauer ist ein Staudamm.

»Versuch doch mal auf die Mauer zu klettern«, meint der Junglachs, »vielleicht kannst du von oben sehen, wie wir dieses Hindernis überwinden können.«

Nelli klettert zwischen den Felsbrocken in die Höhe und erreicht schließlich die Krone des gewaltigen Staudammes. He, was ist das? Ein seltsames, mit Wasser gefülltes Gehäuse fährt an einer Seite des Staudamms hinauf!

Nelli nähert sich dem Kasten, um hineinzugucken. Und sieht einen großen Lachs, der gefangen zu sein scheint.

»Hallo, großer Lachs!«, schreit Nelli. »Was machst du in dem Kasten? Weißt du, wie man über den Staudamm kommt? Mein Freund und ich, wir wollen flussabwärts.«

»Eh, also ich – ich schwimme flussaufwärts«, antwortet der erwachsene Lachs. »Die Hälfte des Weges habe ich schon hinter mir! In ein paar Monaten werde ich unsere Laichplätze erreichen.«

»Aber was machst du in dem Kasten?«, fragt Nelli.

»Das ist ein Aufzug. Siehst du den kleinen Wasserablauf da unten? In den schwimmen wir hinein und schon sind wir in diesem Aufzug. Der fährt automatisch nach oben und setzt uns dort ab. Und dann geht die Reise weiter!«

»Aber wie kommt man wieder hinunter?«, fragt Nelli.

»Auf der anderen Seite des Staudammes gibt es eine Art Wasserrutsche. Wir Fische können hinunterrutschen. Du allerdings musst einen Umweg über den Wald machen. Weiter unten erreichst du wieder den Fluss.«

Unterhalb des Staudammes sieht der Fluss ganz anders aus. Er fließt durch ein breites Tal, bildet Seitenarme und Inseln. Die zwei Freunde erkunden gerade eine Insel, da hören sie plötzlich ein merkwürdiges Geräusch.

»Was ist das?«, fragt Nelli ängstlich. »Woher kommt dieses seltsame Geräusch?«

»Es kommt entweder vom Fluss oder vom Ufer dort drüben«, bemerkt der Lachs. »Ich hab es auch gehört. Aber ich höre noch etwas – es klingt wie Metall!«

Nelli und der Lachs suchen das Gelände ab. Da! Nelli findet ein Tier, wie sie es noch nie gesehen hat. Es ist gefangen: Seine linke Vorderpfote ist in einer eisernen Falle festgeklemmt.

»Ein Biber!«, ruft die Bachstelze, die das alles beobachtet hat, aber nicht helfen kann. »Er ist in eine Falle getreten!«

»Helft mir!«, fleht der junge Biber. »Meine Pfote ist nicht gebrochen, aber sie tut höllisch weh!«

Nelli versucht die Eisenfalle mit ihren Zähnen zu öffnen – ohne Erfolg. Sosehr Nelli sich auch bemüht, sie schafft es nicht, den armen Biber freizubekommen.
»Hol schnell meinen Vater!«, fleht der junge Biber. »Aber beeil dich! Sonst kommt der Wilderer, der die Falle aufgestellt hat.«
Mit Hilfe der Bachstelze findet Nelli den Bau von Vater und Mutter Biber. Schnell schwimmt sie zusammen mit Vater Biber zurück. In kürzester Zeit nagt Vater Biber sich einen Ast zurecht. Mit voller Wucht stößt er den Ast in die Falle. Tatsächlich: Der kleine Biber kann seine verletzte Pfote herausziehen. »Lasst uns verschwinden!«, knurrt der Vater. »Zurück zu unserem Bau!«

Was ist passiert?«, ruft Mama Biber. Sie hat Äste gesammelt und weiß noch nicht, was sich zugetragen hat.
»Alles in Ordnung«, beruhigt sie Vater Biber. »Der Schreck war größer als das Unglück!«
»Mama, schau«, ruft der junge Biber, »das ist Nelli, der Fischotter! Sie hat mir das Leben gerettet. Sie verdient deine besten Blätter.«
»Aber nein«, meint Mama Biber, »Fischotter sind keine Nagetiere wie wir. Sie fressen keine Pflanzen.«
»Fresst ihr wirklich Holz?«, fragt Nelli verwundert.
»Beinahe!«, lacht Mama Biber. »Blätter, Knospen und Rinde sind unsere Nahrung. Das Holz, das wir uns zurechtnagen, fressen wir nicht. Wir bauen unseren Bau damit. Und wir brauchen es für unsere Dämme.«
»Darf ich anschauen, was ihr gebaut habt?«, fragt Nelli. »Ich habe nämlich schon davon gehört. Euer Bau ist bestimmt noch schöner als der, in dem ich geboren bin.«

»Sieh dich nur um!«, sagt Vater Biber stolz. »Wir wohnen hier mitten in einem Bau aus Holz. Das Holz haben wir zusammengetragen und aufgeschichtet. Der Eingang ist unter Wasser, damit kein Räuber in unseren Bau hineinkann.
Damit der Eingang unter Wasser bleibt, darf der Wasserstand nicht sinken. Deshalb haben wir einen Damm gebaut. Komm, ich zeig ihn dir!«
Nelli schwimmt mit Vater und Mutter Biber zum Fuß des Damms. Der Damm ist aus Zweigen gebaut und mit Schlamm und Blättern abgedichtet. Hier gibt es viele Fische und Nelli frisst gleich zwei. Dann nimmt sie Abschied von den Bibern und macht sich auf den Weg zu ihrem Freund, dem Lachs.

FLY-TOX

Die Monate vergehen und es wird immer wärmer. Jetzt im Juli führen die Flüsse nur noch wenig Wasser.

»Ich kann kaum noch atmen«, klagt der Lachs. »Das Wasser ist so warm und außerdem stinkt es.«

»Stimmt«, erwidert Nelli. »An den Ufern ist es genauso. Überall liegt Müll herum. Alte Reifen und Kanister – und überall Plastiktüten, die in den Zweigen hängen bleiben.«

»Und trotzdem kommt ein Fischer hierher. Was will der hier bloß fangen?«, wundert sich der Lachs.

Neugierig schwimmt er auf den Fischer zu. An dessen Angel hängt tatsächlich ein großer Fisch! Doch kaum hat der Fischer ihn vom Angelhaken befreit und angeschaut, wirft er ihn wieder ins Wasser zurück!

Der junge Lachs staunt. »Da hast du aber Glück gehabt!«, ruft der Lachs dem großen Fisch zu. »Ich habe noch nie einen Fischer gesehen, der seinen Fang wieder zurückwirft!«

»Wundere dich nicht!«, erwidert der Fisch. »Ich bin eine Nase, voll von Gräten und schwierig zu essen. Außerdem schmeckt unser Fleisch nicht besonders, weil wir häufig in verschmutzten Gewässern leben. Ich jage nicht so wie du. Ich fresse lieber Grünalgen, die auf dem Flussgrund und auf Steinen wachsen. Die weide ich ab. Je schmutziger das Wasser ist, desto besser wachsen die Algen und die Moose, die ich fresse. Praktisch, nicht?«

»Aber woher kommt all der Müll?«, fragt Nelli, die inzwischen nachgekommen ist. »Warum ist der Fluss hier so verschmutzt?«

»Frag die Wanderratte«, antwortet die Nase, »die kennt sich aus. Man nennt sie übrigens auch Kanalratte. Wenn ihr wollt, stelle ich sie euch vor.«

Hallo«, pfeift die Kanalratte, die auf einem Stein in der Nähe hockt. »Hab schon lange keinen Fischotter mehr in dieser Gegend gesehen. Lachse kommen öfter vorbei, aber die schwimmen so schnell es geht. Was macht ihr hier?«
»Wir wollen die Kanäle anschauen«, antwortet Nelli.
»Was für eine seltsame Idee!«, meint die Kanalratte und lacht. »Man merkt gleich, dass ihr nicht aus der Gegend seid. Hier ist noch niemand vorbeigekommen, um die Kanäle zu besichtigen. Denn das ist der hässlichste und widerlichste Abschnitt des ganzen Flusses.«
»Wir würden es gerne einmal sehen«, antwortet der Lachs.
»Na gut«, sagt die Kanalratte, »aber ich warne euch, es ist kein Vergnügen! In der Stadt verlaufen die Kanäle unterirdisch. Es ist ziemlich dunkel dort.«
Die Ratte bringt die beiden Freunde zu einer Rohrmündung. Eine rote Flüssigkeit sprudelt heraus. Dabei entsteht viel Schaum.
»Hilfe!«, schreit der Lachs. »Ich kann nicht mehr atmen!«
»Ich hab dich gewarnt«, sagt die Kanalratte trocken. »Das sind die Abwässer einer chemischen Fabrik. Sogar ich meide diesen gefährlichen Bereich. Du solltest lieber in sicherer Entfernung auf uns warten.«

»Ich will mit der Ratte weitergehen«, sagt Nelli zu ihrem Freund. »Wir treffen uns später wieder!«

Unten in den Kanälen zeigt die Ratte Nelli, wo sie lebt. »Mein Nest habe ich in einen Hohlraum gebaut«, erklärt sie. »Dort sind meine Jungen vor Nässe geschützt.«

»Aber was fresst ihr?«, fragt Nelli.

»Viele Sachen«, schmunzelt eine riesige Ratte. »Nachts plündern wir die Abfalleimer in der Stadt. Die sind mit den herrlichsten Leckereien gefüllt: altes Brot, Hühnerknochen oder Konservendosen, die wir auslecken können.«

»Ihr seid nicht gerade anspruchsvoll«, meint Nelli. Dann verabschiedet sie sich schnell. Ihr Fell ist ganz klebrig von Schmutz und Öl.

Die Freunde müssen weit flussabwärts schwimmen, bis sie wieder sauberes Wasser erreichen.
»Endlich kann ich wieder durchatmen«, freut sich der kleine Lachs. »Hier ist es herrlich. Wir könnten doch ein bisschen bleiben, was meinst du?«
»Gute Idee«, stimmt Nelli zu, »mein Fell ist in einem erbärmlichen Zustand; ich muss es unbedingt in Ruhe säubern.«
Sie zieht sich auf eine kleine Insel an einer Biegung des Flusses zurück. Auf der einen Seite der Biegung hat das Wasser einen großen sandigen Steilhang geformt und auf der anderen Seite Kies angeschwemmt.

Auf der Insel wächst fast nichts. Sie besteht aus Sand und aus kleinen, vom Hochwasser angeschwemmten Kieselsteinen. Als sich Nelli der Insel nähert, sieht sie einen Schwarm Seeschwalben auffliegen. Eine von ihnen setzt zum Sturzflug an. »Vorsicht«, kreischt sie, »unser Nistplatz! Unsere Eier und Küken befinden sich genau neben dir!«

»Ein Nest? Ich sehe hier kein Nest«, wundert sich Nelli. »Ich sehe überhaupt nichts.«

»Sollst du auch nicht!«, erklärt ihr die Seeschwalbe. »Wir legen unsere Eier direkt auf die Erde. Aber Schale und Flaumfedern haben die gleiche Farbe wie die Kieselsteine, die hier liegen. Diese Tarnung ist der beste Schutz!«
»Jeder macht's auf seine Art!«, ruft eine Flussschwalbe, die vom Lärm angelockt wurde. »Die Seeschwalben tarnen ihre Eier. Wir graben Löcher für unsere Eier!«
»Ein Vogel im Loch! Du machst Scherze!«, meint Nelli.
»Bestimmt nicht!«, erwidert die Flussschwalbe. »Schau dir mal all die Löcher an! Das sind unsere Nester. Wir sind mehr als zweihundert Vögel und haben unsere Nester tief in den sandigen Steilhang gegraben.«

Gleich neben den Nisthöhlen der Flussschwalben sind andere, etwas größere Löcher in den Sand gebohrt. Es sind die Nester der Eisvögel. Gerade verlässt einer der Eisvögel seine kleine Höhle und fliegt davon.

»Noch nie habe ich einen Vogel mit einem solch schönen, farbigen Federkleid gesehen!«, ruft Nelli entzückt.

»Wohin fliegt er?«, fragt sie die Flussschwalbe.

»Er macht Jagd auf kleine Fische im Altwasser.«

»Was ist ein Altwasser?«, will Nelli wissen

»Das ist ein Seitenarm des Flusses, in dem es keine Strömung mehr gibt«, erklärt die Flussschwalbe.

Der Eisvogel hat sich inzwischen auf einen Zweig gesetzt, etwa zwei Meter über dem Wasser. Plötzlich stürzt er sich in den Fluss und taucht hinab zu den jungen Fischen, die unter ihm vorbeiziehen. Ein tolles Schauspiel!

Ebenso plötzlich ist der Eisvogel verschwunden. Er hat sich versteckt. Nelli sieht ein großes Nagetier näher kommen, das dem Biber verblüffend ähnlich sieht.
»Hallo, Biber!«, ruft sie, »schwimmst du zu deinem Bau?«
»Ich bin kein Biber, ich bin eine Bisamratte!«, erwidert das Tier. »Wir sind keine Baumeister wie die Biber, wir graben nur Löcher ins Ufer.«
»So ein großes Nagetier wie dich habe ich noch nie gesehen. Deshalb habe ich dich mit dem Biber verwechselt«, entschuldigt sich Nelli.
»Du bist nicht die Erste, der das passiert«, antwortet die Bisamratte. »Eigentlich sind wir Ausländer«, erzählt die Ratte. »Meine Vorfahren kommen aus Südamerika und wurden vor 100 Jahren nach Europa gebracht. Man wollte sie züchten und viel Geld mit ihnen verdienen. Doch einige von meinen Vorfahren konnten fliehen. Und heute wohnen wir an allen großen Flüssen und Sümpfen. Ich selbst bin gar nicht weit von hier geboren, in den Sumpfgebieten nahe dem Meer.«

Als Nelli das Wort »Meer« hört, fällt ihr der kleine Lachs wieder ein. Eilig macht sie sich auf den Weg zu ihm.

»Wir haben schon fast das Meer erreicht!«, ruft sie stolz, als sie ihren Freund wieder gefunden hat.

»Bist du sicher?«, zweifelt der. »Ich weiß nicht. Hast du bemerkt, dass das Wasser immer schmutziger wird?«

»Aber du veränderst dich auch!«, bemerkt Nelli. »Deine Schuppen werden immer silberfarbener!«

»Das ist das Zeichen, dass das Meer ganz in der Nähe ist«, erklärt der Lachs. »Ich fange schon an mich langsam anzupassen. Wir werden uns bald trennen müssen.«

»Es wäre wohl das Beste, wenn ich hier bleibe«, sagt der Fischotter. »Ich werde mal die Umgebung erkunden.«
Bisher hat sich Nelli nicht darum gekümmert, ob noch andere Fischotter in der Nähe sind. Bei ihrer Reise flussabwärts ist sie hin und wieder auf Markierungen am Ufer gestoßen, aber nie hat sie einen ihrer Artgenossen getroffen. Als sie den Sumpf in der Nähe der Meeresküste erreicht hat, fallen ihr große Binsenbüschel auf, die über und über mit Kot bedeckt sind. Mit Kot, der den gleichen Geruch aufweist wie ihr eigener.
Sie folgt dem Geruch und findet sich plötzlich Schnauze an Schnauze mit einem wunderschönen Männchen, das zweimal so groß ist wie sie selbst.
»Was machst du hier?«, fragt das Männchen.
»Ich suche einen Platz, wo ich bleiben kann.«
»Hier ist es schlecht«, erwidert das Männchen. »In dieser Mündung gibt es schon drei erwachsene Weibchen mit eigenem Revier. Und ich wohne auch hier. Etwas weiter in Richtung Küste wirst du eine Insel finden, wo ich sonst jage. Dort habe ich noch keinen anderen Fischotter gesehen.«

Nelli beschließt diesem Rat zu folgen. Aber erst will sie noch einmal zu ihrem Freund, dem Lachs. Zusammen durchschwimmen sie den letzten Abschnitt der Flussmündung. Bevor der Fluss endgültig in das Meer mündet, bildet er hier noch viele Arme.

Sie stoßen auf eine Lachmöwe, die auf einem alten, verlassenen Kahn sitzt. Das Meer scheint unendlich groß zu sein und Nelli weiß nicht so recht, in welche Richtung sie schwimmen soll.

»Könntest du uns vielleicht sagen, wo wir die Insel finden?«, fragt Nelli die Möwe. »Und warum trägst du einen Ring an deinem Fuß?«, fragt der Lachs.
»Die Insel und der Ring haben miteinander zu tun«, antwortet die Möwe. »Auf der Insel gibt es nämlich eine Vogelwarte – und es sind Vogelkundler, die mir diesen Ring am Fuß befestigt haben. So können sie mich immer erkennen, denn sie wollen untersuchen, wohin ich fliege.«
»Glaubst du, dass es hier für einen Fischotter ruhig genug ist?«, fragt Nelli.
»Natürlich!«, erwidert die Möwe. »Die Insel ist ein Naturschutzgebiet. Die Menschen dürfen hier nicht jagen – nicht einmal mit Booten anlegen! Kommt mit!«
Die Insel ist wunderbar, das sieht Nelli gleich.
»Es gibt viel zu fressen«, sagt die Möwe. »Deshalb nisten hier die Papageitaucher und Basstölpel.«
Nelli taucht zum Fuß des Felsens hinab. Hier wimmelt es von Fischen und Krabben! Mehrere kleine Lachse sind auf Beutefang. Auch sie wollen zum Meer.
»Am besten, du schwimmst mit ihnen«, sagt Nelli zu ihrem Freund. »Jetzt müssen wir uns verabschieden. Wenn du in vier oder fünf Jahren zurückkommst, dann schwimm doch an meiner Insel vorbei und hol mich ab! Ich möchte dich zu gerne begleiten!«

1. Auflage 2000

Texte und Bilder nach der Originalausgabe »Le grand voyage de la petite loutre

Ins Deutsche übertragen von Regina Platzer
Gedruckt in Belgien
ISBN 3-401-07711-2